As a small souvenir from us,
we will give you this book,
with many insights to our
hometown. Have fun!

Werner Klapper (Fotos) · Jürgen Haase (Texte)

MAGDEBURG

deutsch · english · français

Wartberg Verlag

Werner Klapper wurde 1947 in Halle/Saale geboren. Er arbeitet seit 1986 als freischaffender Fotograf in Magdeburg. Seine zahlreichen Veröffentlichungen haben ihn über die Grenzen seiner Stadt hinaus bekannt gemacht. www.photo-klapper.com

Werner Klapper was born in 1947 in Halle/Saale. He has been working as a freelance photographer in Magdeburg since 1986. His numerous publications made him best known even outside his town. www.photo-klapper.com

Werner Klapper est né à Halle-sur-la-Saale en 1947. Il travaille comme photographe indépendant à Magdebourg depuis 1986 et ses nombreuses publications l'ont fait connaître au-delà des limites de sa ville. www.photo-klapper.com

Jürgen Haase wurde 1950 in Erdmannsdorf-Augustusburg geboren. Seit 1997 arbeitet er als Freier Journalist in Magdeburg. Sein Interesse gilt der Heimatgeschichte, der Geologie und der Natur. www.haase-magdeburg.de

Jürgen Haase was born in 1950 in Erdmannsdorf-Augustusburg. He has been working as a freelance journalist in Magdeburg since 1997. He is interested in local history, geology and nature. www.haase-magdeburg.de

Jürgen Haase est né à Erdmannsdorf-Augustusburg en 1950. Il travaille comme journaliste indépendant à Magdebourg depuis 1997 et s'intéresse particulièrement à l'histoire locale, la géologie et la nature. www.haase-magdeburg.de

Bildnachweis:
Alle Fotos stammen von Werner Klapper.

Englische Übersetzung: Wolfgang Wollek
Französische Übersetzung: Annie Carroy-Schwarz

1. Auflage 2009

Satz und Layout: Grafik & Design Ulrich Weiß, Extertal
Druck: Bernecker MediaWare AG, Melsungen
Buchbinderische Verarbeitung: Buchbinderei Büge, Celle

34281 Gudensberg-Gleichen, Im Wiesental 1
Telefon (0 56 03) 9 30 50
www.wartberg-verlag.de
ISBN 978-3-8313-1960-2

Vorwort

„Die Fotografie hilft den Menschen zu sehen", lautet ein Zitat der amerikanischen Fotokünstlerin Berenice Abbott. Ein Satz, wie er für den Bildband des Magdeburger Fotografen Werner Klapper kaum zutreffender sein könnte. Selbst Menschen, die schon immer in Magdeburg gelebt haben, eröffnet das Buch neue Perspektiven. Mit ungewöhnlichen Sichtweisen, stimmiger Lichtführung und Bildkompositionen überrascht Klapper die Betrachter. Dabei ist das Buch kein Stadtporträt im üblichen Sinn, sondern eine knappe Bildmonografie, die das Spektrum eines regionalen Zentrums im Wandel zum Ansehen und Reflektieren ausbreitet. Die Fotos des Magdeburgers sind Momentaufnahmen vom heutigen Leben in Magdeburg. Dem Betrachter fallen das Nebeneinander unterschiedlicher Epochen und deren Architekturen ins Auge. Der mittelalterliche Dom steht im direkten Kontrast zum modernen Bankgebäude und Friedensreich Hundertwassers verspielter „Grüner Zitadelle". Ein wahrhaftes Babylon der Stile!

Die Zeit ist an Magdeburg nicht vorbeigegangen. Die Stadt von heute ist nicht mehr das Magdeburg von einst, mit seinen vielen Kirchen und Barockbauten. Krieg und Zerstörung, der vergangene real existierende Sozialismus und der Neuaufbau nach der friedlichen Revolution in der DDR haben sich in die Haut der Stadt eingegraben. Magdeburg lebt, es entwickelt sich fort. Der Fotograf blickt auf die Landeshauptstadt Sachsen-Anhalts, ihre Entwicklung und ihre Menschen mit der tiefen Sympathie eines Lokalpatrioten. Es gelingt ihm, seine Emotionen mit der Kamera einzufangen und an uns weiterzureichen.

Da ich von derselben Grundsympathie für meine Heimat getragen werde, hat mir das Blättern in diesem Buch Freude bereitet. Es wäre schön, wenn diese Bilder viele Magdeburger und Nicht-Magdeburger motivieren könnten, immer wieder einmal mit offenen Augen durch die Straßen zu streifen und sich zu vergewissern, wie sehens- und lebenswert Magdeburg doch ist.

Dieter Steinecke · Präsident des Landtages Sachsen-Anhalt · 1. Bürgermeister Magdeburgs a. D.

Preface

"Photography helps people to see", is a quote of the American photography artist Berenice Abbott. A sentence that is absolutely applicable to the photo book by photographer Werner Klapper from Magdeburg. The book supplies new perspectives even to people, who have always lived in Magdeburg. Klapper surprises the observer with unusual kinds of view, with matching exposure and interesting photographic compositions. This book, however, is no city portrait in the usual sense, but a tight photo monograph inducing to regard and reflect on the spectrum of a regional centre in change. The photos by the inhabitant of Magdeburg are snapshots of today's life in Magdeburg. The observer will notice the juxtaposition of different epochs with their architecture. The medieval cathedral stands in direct contrast to the modern bank building and Friedensreich Hunderwasser's fanciful "Green Citadel". A true Babylon of styles!

Times have not passed Magdeburg by. The city of today is no longer the Magdeburg of the past with its many churches and Baroque buildings. War and destruction, the former really existing socialism, and the redevelopment after the peaceful revolution in the GDR have dug deep into the city's skin. Magdeburg is alive, it has been developing itself on and on. The photographer looks at the state capital of Saxony-Anhalt, its development and its inhabitants with the deep affection of a local patriot. He has succeeded in catching his emotions with the camera and has passed them on to us.

Since I have the same fundamental love for my home country, it was a great pleasure to me to leaf through the pages of this book. I would be nice, if these pictures would motivate many inhabitants of Magdeburg and other people to stroll through the streets with their eyes open to make sure, that Magdeburg is worth seeing and living.

Dieter Steinecke, President of the Landtag of Saxony-Anhalt, Lord Mayor of Magdeburg (retd.)

Préface

«La photographie aide les gens à voir.» a dit la photographe américaine Berenice Abbott. Une citation qui s'applique bien à l'ouvrage du photographe magdebourgeois Werner Klapper. Ce recueil de photographies ouvre des perspectives nouvelles, même à ceux qui ont toujours vécu à Magdebourg. Klapper surprend par les perspectives inhabituelles de ses photos, leur éclairage harmonieux et leur composition. En fait, ce livre ne fait pas le portrait d'une ville au sens habituel, c'est une monographie illustrée concise qui montre la diversité d'un centre régional en pleine transformation. Les photos du Magdebourgeois sont des instantanés de la vie d'aujourd'hui à Magdebourg.

Ce qui attire l'attention du lecteur, c'est le mélange des différentes époques et de leurs architectures. La cathédrale médiévale contraste avec le bâtiment moderne de la banque et la «Citadelle Verte» de Friedensreich Hundertwasser. Un mélange de styles digne de Babylone!

Le temps n'a pas épargné Magdebourg. La ville d'aujourd'hui n'est plus celle d'autrefois, avec ses nombreuses églises et ses monuments baroques. La ville garde des traces indélébiles de la guerre et de ses destructions, de l'ancien socialisme réel et de la reconstruction après la révolution pacifique en RDA. Magdebourg vit et continue à se développer. Le photographe contemple la capitale du land de Saxe-Anhalt, son développement et ses habitants avec la profonde sympathie d'un patriote local. Il réussit, avec son appareil photo, à saisir ses émotions et à nous les retransmettre.

Étant donné que je ressens la même sympathie pour ma ville, j'ai feuilleté ce livre avec plaisir. Souhaitons que ces photos inciteront les habitants de Magdebourg et d'ailleurs à déambuler dans les rues de la ville en gardant les yeux ouverts et à s'assurer à quel point Magdebourg est une ville intéressante où il fait bon vivre.

Dieter Steinecke. Président du Landtag de Saxe-Anhalt. Ancien maire de Magdebourg.

Gedanken des Fotografen

Die Bilderreise durch die große Kaiserstadt am Strom beginnt am Magdeburger Hauptbahnhof. Sie führt uns zuerst in Richtung Süden unmittelbar durch das Zentrum der Elbmetropole, vorbei an vielen Sehenswürdigkeiten. Im Süden Magdeburgs setzen wir über die Elbe, sehen das grüne Herz der Stadt und entdecken dann auf dem westlichen Stromufer den Dom und das Kloster. Nun geht es kreuz und quer durch die historische Altstadt Magdeburgs mit ihren zahlreichen Bauten aus ottonischer, napoleonischer und preußischer Zeit. Bis zum größten Wasserstraßenkreuz Europas und dem Alten Markt führt dann die Bilderreise. Mit den vorliegenden Fotografien ist nur ein Hauch von der Schönheit einer Stadt gezeigt, die es verdient, tagtäglich aufs Neue entdeckt, betrachtet, geachtet und bewundert zu werden.

Werner Klapper

Thoughts of the photographer

The photographic travel through the great Imperial Town on the river starts at Magedeburg's central station. At first, it leads us in southern direction straight through the centre of the metropolis on the river Elbe, passing numerous places of interest. In the south of Magdeburg, we cross the river and see the green heart of the city, then we discover the cathedral and the monastery on the west banks of the river. Now, we go all around the historic parts of Magdeburg with their numerous buildings from the Ottonian, the Napoleonic and the Prussian era. Our photographic travel will bring us to Europe's biggest junction of waterways and to the Old Market (Alter Markt) as well. The photos on hand can only show a trace of the beauty of a town, which is worth to be discovered, observed, respected and admired every single day.

Werner Klapper

Réflexions du photographe

Le voyage en photos à travers la grande ville impériale des bords de l'Elbe commence à la gare centrale de Magdebourg. Il nous conduit d'abord vers le sud, nous fait passer par le centre de la métropole et longer de nombreuses curiosités. Dans le sud de Magdebourg, nous traversons l'Elbe, voyons le «cœur vert» de la ville et découvrons alors sur la rive occidentale du fleuve la cathédrale et le monastère. La visite continue ensuite dans tous les sens, à travers la vieille ville historique de Magdebourg riche en nombreux bâtiments de l'époque ottonienne, napoléonienne et prussienne. Le voyage en photos nous mène au plus grand carrefour de voies navigables d'Europe et au Vieux Marché. Ces photographies ne donnent qu'une idée imparfaite de la beauté de la ville qui mérite d'être découverte, contemplée, respectée et admirée chaque jour de nouveau.

Werner Klapper

Spaziergang durch eine 1200-jährige Stadt

Nur einen halben Kilometer vom Stadtzentrum, dem Alten Markt, entfernt, wurde der prachtvolle Bahnhof Magdeburgs im Stil der italienischen Hochrenaissance erbaut. Er ging bereits 1876 in Betrieb. Auf dem Bahnhofsvorplatz erklärt uns das Meridiandenkmal die Neigung der Erdachse.

Walk through a 1200-year-old city

Only half a kilometre away from the city's centre, the old market (Alter Markt), Magdeburgs marvellous station was built in the Italian style of the High Renaissance. It has been in use since 1876. On the station's forecourt, the Meridian Monument demonstrates us the inclination of the earth's axis.

Promenade à travers une ville vieille de 1200 ans

À seulement 500 mètres du Vieux Marché, au centre de la ville, se dresse la magnifique gare de Magdebourg édifiée dans le style de la haute Renaissance italienne et mise en exploitation dès 1876. Sur le parvis de la gare, l'inclinaison de l'axe terrestre nous est expliquée par le monument du Méridien.

Eine der vielen grünen Inseln, Parks und Ruheplätze Magdeburgs. Selbst direkt im Stadtzentrum kann man sich, so wie hier vor dem Ulrichshaus, auf einer der zahlreichen grünen Inseln erholen. Das Ulrichshaus beherbergt die Spielbank und zahlreiche Geschäfte. Auch die Universitätsbuchhandlung ist hier zu finden.

One of many green islands, parks and resting places in Magdeburg. Even right in the centre of the city, like here in front of Ulrichshaus, you can relax on one of the numerous green islands. The casino and many shops are to be found in Ulrichshaus, as well as the library of the university.

Un des nombreux îlots de verdure, parcs et lieux de détente de Magdebourg. Même au centre-ville – comme ici devant la «Ulrichshaus» – il est possible de se reposer dans l'un des nombreux îlots de verdure. La «Ulrichshaus» abrite le casino, de nombreux magasins ainsi que la librairie universitaire.

Der Springbrunnen an der Ernst-Reuter-Allee lädt zum Verweilen ein. Er ist etwa auf der halben Strecke zwischen Marktplatz und Bahnhof zu finden und wird als Symbol des Wiederaufbaus nach dem Zweiten Weltkrieg von den Magdeburgern betrachtet. Im kleinen Park des „Zentralen Platzes" direkt am Brunnen sind verschiedene Werke Magdeburger Künstler zu bewundern.

The fountain at Ernst-Reuter-Allee invites to take a rest. It is located approximately in the middle between market place and station and the population of Magdeburg considers it as a symbol of the reconstruction after the Second World War. Various works of Magdeburg-based artists can be admired in the small park of "Zentraler Platz" (central square) near the fountain.

Le jet d'eau de l'avenue Ernst-Reuter invite à faire une pause. Il se trouve à environ mi-distance entre la place du Marché et la gare et est considéré par les Magdebourgeois comme le symbole de la reconstruction après la Seconde Guerre mondiale. Dans le petit parc de la «place Centrale» on peut admirer, tout près du jet d'eau, diverses œuvres d'artistes de Magdebourg.

Auf dem Breiten Weg in südliche Richtung

Unmittelbar hinter dem Zentralen Platz biegt man in den Breiten Weg ein. Der Breite Weg, vor dem letzten Krieg die barocke Prachtstraße Magdeburgs, hat etwas vom Glanz vergangener Jahrhunderte bewahrt. Nur wenige Meter auf dieser Straße in Richtung Süden sind drei wieder aufgebaute Barockhäuser in ihrer alten Schönheit zu bewundern.

On Breiter Weg in southern direction

Directly behind Zentraler Platz you turn into Breiter Weg (broad way). Breiter Weg was Magdeburg's Baroque boulevard before World War II, and it has preserved a bit of the splendour of past centuries. Only a few metres in southern direction along this street, three reconstructed Baroque houses can be admired with all of their former beauty.

Le Breiter Weg en direction du sud

Tout de suite derrière la place Centrale, on débouche dans la rue Breiter Weg. Cette artère qui était, avant la dernière guerre, la grande avenue baroque de Magdebourg a conservé encore quelque chose de sa splendeur passée. Après quelques mètres en direction du sud, on peut admirer trois maisons baroques qui ont été reconstruites et ont ainsi retrouvé leur beauté d'autrefois.

Heinrich Apels Kunstwerk, der Teufelsbrunnen, erfreut in der Leiterstraße, die man auf dem Breiten Weg in Richtung Süden überquert. 1986 wurde der filigran gestaltete Brunnen der Öffentlichkeit übergeben.

The Devil's Fountain, a work of art by Heinrich Apel, is pleasing in Leiterstraße, that will be crossed in southern direction via Breiter Weg. The filigree fountain was presented to the public in 1986.

Cette fontaine filigrane et cocasse de Heinrich Apel, la «Teufelsbrunnen», se dresse rue Leiterstrasse, une transversale du Breiter Weg. Elle a été inaugurée en 1986.

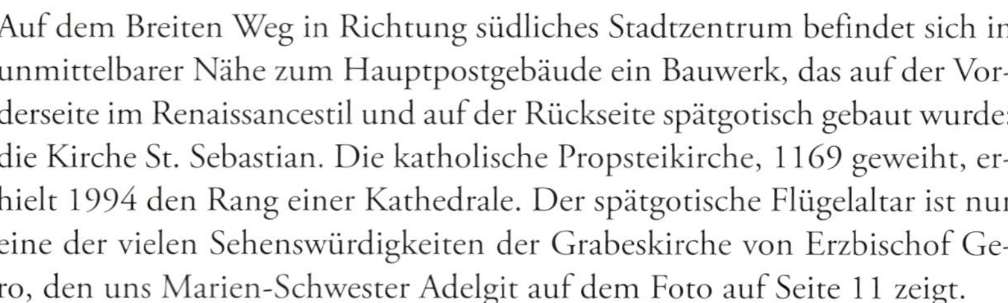

Auf dem Breiten Weg in Richtung südliches Stadtzentrum befindet sich in unmittelbarer Nähe zum Hauptpostgebäude ein Bauwerk, das auf der Vorderseite im Renaissancestil und auf der Rückseite spätgotisch gebaut wurde: die Kirche St. Sebastian. Die katholische Propsteikirche, 1169 geweiht, erhielt 1994 den Rang einer Kathedrale. Der spätgotische Flügelaltar ist nur eine der vielen Sehenswürdigkeiten der Grabeskirche von Erzbischof Gero, den uns Marien-Schwester Adelgit auf dem Foto auf Seite 11 zeigt.

On Breiter Weg in direction of the southern town centre, quite near the central post office, a building with a Renaissance-style front side and a late-Gothic backside is located: church St. Sebastian. The Catholic provost church, consecrated in 1169, received the rank of a cathedral in 1994. The late-Gothic winged altar is only one of many sights in archbishop Gero's burial church. The altar is presented by Sister Adelgit of St. Mary on the picture on page 11.

Rue Breiter Weg, près du bâtiment de la poste principale, se trouve l'église Saint-Sébastien dont la façade est de style Renaissance et l'arrière du bâtiment de style gothique tardif. Cette église de prieuré catholique consacrée en 1169 a été élevée au rang de cathédrale en 1994. Le polyptique de style gothique tardif, que nous montre la Mariste sœur Adelgit sur la photo de la page 11, est une des nombreuses curiosités de l'église dans laquelle reposent les restes de l'archevêque Gero.

Im südlichen Stadtzentrum Magdeburgs

Auf dem Weg ins südliche Stadtzentrum kommt man am Kulturhistorischen Museum an der Otto-von-Guericke-Straße vorbei. Auch die umfangreichen naturkundlichen Sammlungen der Landeshauptstadt sind in dem vom Wiener Architekten Friedrich Ohmann geplanten und 1897 erbauten Haus untergebracht.

In the southern part of downtown Magdeburg

On his way to the southern part of Magdeburg's centre, the visitor will pass the Museum of Cultural History in Otto-Guericke-Straße. The state capital's extensive collections of natural history are housed in that edifice, planned and built in 1897 by Vienna-born architect Friedrich Ohmann.

Dans le sud du centre-ville de Magdebourg

Lorsque l'on se dirige vers le sud du centre-ville, on passe devant le musée d'Histoire culturelle de la rue Otto-von-Guericke. Le bâtiment construit en 1897 d'après les plans de l'architecte viennois Friedrich Ohmann abrite également les importantes collections naturalistes de la capitale du land.

Am Hasselbachplatz befindet sich der „Plättbolzen“, eines der prächtigen Bürgerhäuser, welche alle Straßen zieren, die sternförmig in den Platz münden. Das weiß-rote Gebäude bildet den westlichen Abschluss des Platzes. Benannt wurde der Platz nach Oberbürgermeister Carl Gustav Friedrich Hasselbach, der 1851 bis 1881 die Ausdehnung der Stadt über die alten preußischen und napoleonischen Festungsmauern hinaus betrieb.

On the square named Hasselbachplatz, "Plättbolzen" is to be found, one of the wonderful town houses, which decorate all the streets, that in the shape of a star all lead to the square. The building in white and blue stands at the westend side of the square. The square was named after Lord Mayor Carl Gustav Friedrich Hasselbach, who initiated the city's extension beyond the old Prussian and Napoleonic fortress walls.

Place Hasselbach se trouve le «Plättbolzen», une des somptueuses maisons bourgeoises des rues en étoile qui débouchent sur la place. Le bâtiment d'angle blanc et rouge se dresse à l'ouest de la place qui porte le nom du maire Carl Gustav Friedrich Hasselbach. Celui-ci s'est consacré de 1851 à 1881 à l'expansion de la ville au-delà des limites des anciennes fortifications prussiennes et napoléoniennes.

Direkt gegenüber dem neobarocken Gebäude des Innenministeriums am Platz des 17. Juni hat der Herausgeber des Sachsenspiegels und Verfasser des Magdeburger Rechts seinen würdigen Platz gefunden. Eike von Repgow, geboren im sachsen-anhaltischen Reppichau, hat große Teile heute noch gültiger Rechtsnormen als „Sachsenspiegel" auf der Burg Falkenstein geschrieben.

Right opposite the neo-Baroque building of the Ministry of the Interior at the Square of June 17, the publisher of "Sachsenspiegel" and author of the Magdeburgian Law has found a dignified place. Eike von Repgow, born in Reppichau, Saxony-Anhalt, has written considerable parts of the so-called Sachsenspiegel, legal norms that are still valid today, on castle Falkenstein.

L'éditeur du Miroir des Saxons et auteur du Droit de Magdebourg a trouvé une place digne de lui en face du bâtiment néobaroque du ministère de l'Intérieur de la place du 17-Juin. C'est au château de Falkenstein qu'Eike von Repgow, qui est né à Reppichau en Saxe-Anhalt, a rédigé son traité juridique dont un grand nombre de règles sont valables aujourd'hui encore.

Buckau

Entlang der Elbe findet man in allen Stadtteilen stromauf und -ab tagtäglich Neues. Im einstigen Industriestandort und Stadtteil Buckau sind die grauen Häuserfassaden längst ansprechenden Farben und vielem Grün gewichen.

Buckau

Upstream and downstream the river Elbe, you can discover new sights in all districts every day. The grey façades of the houses in the former industrial site and quarter of Buckau were replaced by bright colours and a lot of green surroundings.

Buckau

On découvre tous les jours du nouveau dans les quartiers des bords de l'Elbe. La verdure a fait son apparition dans cet ancien site industriel et la grisaille des façades a été remplacée par de jolies couleurs.

Das „Silo Süd“ erinnert an die Anfänge des Industriezeitalters, als im einstigen Leinenweberdorf Buckau Maschinenbaubetriebe wie Pilze aus dem Boden schossen.

“Silo Süd” reminds of the beginning of the industrialization era, when in the former village of linen weavers, Buckau, engineering works shot up like mushrooms.

Le «Silo Sud» rappelle les débuts de l’époque industrielle, lorsque les entreprises de construction mécanique poussaient comme des champignons dans l’ancien village de toiliers.

Vom Rand des Klosterbergegartens grüßt der Dom auf dem Westufer der Elbe, während wir bei unserem Rundgang einen Abstecher in den Kulturpark Rotehorn unternehmen und auf die Insel vor dem Ostufer der Elbe wechseln.

On the edge of "Klosterbergegarten" (garden on the monastery hills), the cathedral on the west banks of the Elbe comes into sight, while we make a detour to the cultural park Rotehorn and we then change over to the island in front of the east bank of the Elbe.

La cathédrale salue des bords du jardin du monastère sur la rive occidentale de l'Elbe pendant que nous faisons un détour par le parc Rotehorn et que nous allons sur l'île faisant face à la rive orientale de l'Elbe.

Der Rotehornpark

Um auf die Insel Rotehorn zu kommen, überquert man den längsten Strom Mitteldeutschlands zu Fuß am besten über die Sternbrücke im Süden oder die Strombrücke nördlich davon. Man kann sich auch von der Fähre Buckau in den idyllischen Stadtpark übersetzen lassen.

Rotehornpark

In order to reach the island of Rotehorn, the easiest way to cross the longest river of Central Germany is to walk over Sternbrücke (star bridge) in the south, or to use Strombrücke (river bridge) in the north of it. You can also get carried over to the idyllic city park by ferryboat "Buckau".

Le parc Rotehorn

Pour aller sur l'île Rotehorn, on traverse à pied le plus long fleuve d'Allemagne centrale, de préférence en empruntant le pont Sternbrücke au sud ou le pont de l'Elbe au nord. On peut également prendre le bac à Buckau pour se faire déposer dans ce magnifique parc municipal.

Vom Aussichtsturm des Stadtparks hat man eine großartige Rundumsicht auf Magdeburg. Hier der Blick auf die Sternbrücke.

The lookout tower in the park enables a phantastic panoramic view of Magdeburg. The photo shows the look at Sternbrücke.

De la tour panoramique du parc municipal, on a une vue magnifique sur Magdebourg. Ici, vue sur le Sternbrücke (pont de l'Étoile).

Die große Spendenaktion „Ein Stern für die Sternbrücke" war nur eine der spektakulären Aktionen der Magdeburger zum Wiederaufbau der Sternbrücke. Die Namen der Einwohner, die eine größere Spende zur Verfügung stellten, werden auf einem Stern am Brückendenkmal genannt.

The great collection campaign "A star for the star bridge" was only one of many spectacular actions of Magdeburg's population for the reconstruction of Sternbrücke. The names of the inhabitants, who made a higher donation, are mentioned on the bridge monument.

La collecte de fonds «Ein Stern für die Sternbrücke», a été l'une des actions spectaculaires menées par les Magdebourgeois dans le but de reconstruire le Sternbrücke. Le nom des habitants les plus généreux est inscrit sur une étoile du monument du pont.

Der 900-Tonnen-Koloss konnte unter großer Anteilnahme der Magdeburger am 26. Oktober 2004 eingeschwommen werden und verbindet seitdem den Stadtpark wieder mit der Altstadt auf dem Westufer des Stroms.

The colossus of 900 tons was set into water with considerable public participation on October 26, 2004. Since that day, the bridge connects the city park again with the old city centre on the west side of the river.

Les Magdebourgeois ont suivi avec un grand intérêt la mise en place de ce colosse de 900 tonnes qui relie depuis le 26 octobre 2004 le parc municipal à la vieille ville sur la rive occidentale du fleuve.

Zur Eröffnung der Sternbrücke am 1. Mai 2005 kamen mehr als 100 000 Magdeburger an und auf „ihre“ Brücke. Diese musste aufgrund der durch Menschenmassen verursachten Eigenschwingungen an diesem Tag sogar kurzzeitig gesperrt werden.

When Sternbrücke was opened to the public on May 1, 2005, more than 100 000 inhabitants of Magdeburg went to and over “their” bridge. Due to the vibrations caused by the masses of people, the bridge had to be closed down for a short time that day.

Le 1er mai 2005, plus de 100 000 Magdebourgeois sont venus à l’inauguration de «leur» pont qui a même dû être momentanément fermé au public en raison des oscillations provoquées par un tel afflux.

Auf der größten Insel Magdeburgs trifft man nach dem Überqueren der Sternbrücke auf den letzten Seitenradschlepper auf der Elbe, die „Württemberg“. Das zum Museum umgebaute Schiff bietet dem Besucher auch ein kleines Café.

After having crossed Sternbrücke, you will find on Magdeburg’s biggest island one of the last side wheel tugs on the river Elbe, the “Württemberg”. The boat, remodelled as a museum, offers a small cafe to the visitors as well.

Après avoir pris le Sternbrücke, on arrive sur la plus grande île de Magdebourg où est amarré le dernier remorqueur à aubes de l’Elbe, le «Württemberg». Ce bateau maintenant transformé en musée abrite également un petit café.

Der Gartenarchitekt Paul Niemeyer plante und baute den Stadtpark in den Jahren 1870 bis 1873. Er erhielt nach einer Sage den Namen Rotehorn. Erholen kann man sich im Stadtpark auf ausgedehnten Spaziergängen in einer schönen Parklandschaft mit zahlreichen Sehenswürdigkeiten, Sportstätten, Restaurants und historischen Festungsanlagen, wie Fort XII.

Garden architect Paul Niemeyer planned and built the city park between 1870 and 1873. The park was named "Rotehorn" after a legend. In city park, one can relax on extensive walks through a nice park area with numerous sights, sports grounds, restaurants and historic fortresses, like Fort XII.

L'architecte-paysagiste Paul Niemeyer a, de 1870 à 1873, dessiné les plans et mené à bien la réalisation du parc municipal Rotehorn qui tient son nom d'une légende. On peut s'y détendre au cours de longues promenades dans un paysage agréable riche en curiosités, terrains de sport, restaurants et fortifications historiques tel le Fort XII.

Der großartige Blick vom Rotehornpark auf die Altstadt Magdeburgs. Früher zierten über dreißig hohe Kirchtürme die Silhouette der Kaiserstadt.

The marvellous look from Rotehornpark to the old centre of Magdeburg. In former times, there had been more than thirty high church steeples in the silhouette of the Imperial Town.

Du parc Rotehorn, on a une vue fantastique sur la vieille ville de Magdebourg. La silhouette de la ville impériale comptait autrefois plus de 30 clochers.

Auf dem Luftbild ist die gesamte Parkanlage gut zu erkennen. Rund um den Adolf-Mittag-See (rechts im Bild) kann man herrlich spazieren gehen. Auch eine Kahnpartie ist möglich.

The complete park area can be noticed well on the aerial picture. Wonderful walks can be taken around the lake Adolf-Mittag-See. A boat trip is possible, as well.

Le parc est facilement reconnaissable sur cette vue aérienne. On peut faire de très belles promenades autour du lac Adolf-Mittag (à droite sur la photo) ... ou faire de la barque.

Der Venustempel auf der Halbinsel im Adolf-Mittag-See ist auch über architektonisch einmalige Holzbogenbrücken auf der östlichen Seite des Sees zu erreichen. Benannt nach einem Magdeburger Mäzen, der den Parkaufbau unterstützte, wird der See heute auch als Ausflugsziel für begeisterte Ruderer genutzt.

The Venus Temple located on the peninsula of Adolf-Mittag-See can be reached via architecturally unique wooden bow bridges, located at the eastern side of the lake. Named after a patron of Magdeburg, who supported the development of the park, the lake has been used as an outing destination for rowing enthusiasts.

Le temple de Vénus de la presqu'île du lac Adolf-Mittag est accessible par des ponts à arches en bois situés sur la rive orientale du lac et uniques en leur genre. Le lac porte le nom d'un mécène magdebourgeois qui a beaucoup fait pour la construction du parc et attire aujourd'hui également les passionnés d'aviron.

Der Aussichtsturm des Stadtparks wurde 2007 nach Sanierungsmaßnahmen wieder eröffnet. Nach genau 252 Stufen erreicht man die Aussichtsplattform in 55 Meter Höhe. Auch mit dem Fahrstuhl kann der Besucher hinauffahren und wird mit einem herrlichen Panoramablick belohnt. Der 60 Meter hohe Turm gehört zur Gesamtanlage des Parks.

After renovation measures, the lookout tower in the city park was reopened in 2007. The lookout platform at a height of 55 metres can be entered after an ascent of exactly 252 steps. Visitors can also use a lift and they will be rewarded with a magnificent panoramic view. The 60-metre-high tower is part of the whole park grounds.

Haute de 60 mètres, la tour panoramique du parc municipal a été rouverte en 2007 après des travaux de restauration. 252 marches mènent à la plateforme panoramique située à une hauteur de 55 mètres. Le visiteur peut aussi y monter en ascenseur et est récompensé par un magnifique panorama.

Unmittelbar neben dem Aussichtsturm befindet sich die Stadthalle Magdeburgs. Im großen Saal, der eine hervorragenden Akustik zu bieten hat, finden regelmäßig Konzerte statt.

The civic hall of Magdeburg is situated just beside the lookout tower. The large hall with its outstanding acoustics is a venue for regular concerts.

Tout à côté de la tour panoramique se trouve le palais des congrès de Magdebourg. Des concerts sont régulièrement donnés dans sa grande salle dont l'acoustique est excellente.

Gegenüber dem 1998 fertig gestellten Landesfunkhaus, direkt an der Elbe, sind neben Dom und Kloster Unser Lieben Frauen viele historische Altstadtgebäude auf dem Westufer der Elbe zu bewundern.

Close to the river Elbe, opposite the State Broadcast House, which was completed in 1998, there can be admired numerous historic downtown buildings on the west banks of the Elbe, besides the cathedral and the monastery named Unser Lieben Frauen (to our dear women).

Sur la rive occidentale de l'Elbe, en face de la Maison de la Radio de Saxe-Anhalt terminée en 1998, on peut admirer la cathédrale et le monastère «Unser Lieben Frauen» ainsi que de nombreux bâtiments historiques de la vieille ville.

Über die Zollbrücke ins Stadtzentrum

Die Zollbrücke gehört zu den schönsten Brücken in der Landeshauptstadt. Vier allegorische Figuren schmücken die 1882 fertig gestellte und 2008 grundsanierte Überquerung der Zollelbe, ein Seitenarm der Elbe. Von hier aus gelangt man direkt in das Stadtzentrum Magdeburgs.

Over Zollbrücke to the town centre

Zollbrücke (customs bridge) is one of the finest bridges of the state capital. Four allegorical figures decorate the bridge crossing the "Zollelbe", a branch of the Elbe river. The bridge was completed in 1882 and fundamentally restored in 2008.

Du Zollbrücke au centre-ville

Le Zollbrücke (pont de l'Octroi) est l'un des plus beaux ponts de la capitale du land. Orné de quatre sculptures allégoriques, il a été terminé en 1882 et totalement restauré en 2008. Il enjambe la «Zollelbe», un bras de l'Elbe, et mène directement au centre-ville de Magdebourg.

Gleich nach der Überquerung der Stromelbe kommt man nach nur wenigen hundert Metern ins urbane Zentrum der Stadt. Hier sind neben Rathaus (rechts im Bild), Markt und historisch wertvollen Denkmälern auch zahlreiche Einkaufstempel zu finden.

After having crossed the "Stromelbe", the urban centre of the city can be reached after a few hundred metres. Except for the town hall (right side of the photo), the market and historically valuable monuments, many shopping centres can be found as well.

Une fois l'Elbe traversée, il ne reste que quelques centaines de mètres à parcourir pour atteindre le centre de la ville. Là se trouvent l'hôtel de ville (à droite sur la photo), le marché et des monuments historiques remarquables ainsi que de nombreux centres commerciaux.

Vom Zentrum aus gelangt man mit öffentlichen Verkehrsmitteln in fast jeden Winkel Magdeburgs.

From the centre, nearly every corner of Magdeburg can be reached by public transport.

Des transports en commun relient le centre-ville à presque chaque recoin de Magdebourg.

Im ursprünglichen Stadtkern

Das Kloster Unser Lieben Frauen wurde 1150 unter Erzbischof Gero fertig gestellt. Hier wird auch die Grabstätte vom Heiligen Norbert von Xanten vermutet, der den Prämonstratenserorden während der Christianisierung der Slawen und Wenden leitete, die in Sichtweite direkt am anderen Elbufer siedelten.

In the old town centre

The monastery Unser Lieben Frauen was completed in 1150 under archbishop Gero. The grave of St. Norbert of Xanten is supposed to be at this place. He was abbott of the Premonstratensian order during the christianization of the Slavs and Wends, who had settled in sight directly on the opposite banks of the Elbe.

Au cœur historique de la ville

Le monastère Unser Lieben Frauen a été terminé en 1150 sous l'archevêque Gero. C'est là qu'est supposé se trouver le tombeau de saint Norbert de Xanten qui était à la tête de l'ordre des Prémontrés à l'époque de l'évangélisation des Slaves et des Wendes qui étaient installés à portée de vue, sur l'autre rive de l'Elbe.

Ausblicke auf die Elbe

Auf dem Fürstenwall, hoch über der Elbe, flanierten schon in vergangenen Jahrhunderten die Magdeburger gern mit ihren Gästen und genossen den Ausblick auf den Strom.

Views of the river Elbe

High above the Elbe river, the citizens of Magdeburg and their guests loved to stroll on Fürstenwall (prince's rampart) where they enjoyed the views of the river.

Vue sur l'Elbe

Déjà dans les siècles passés, les Magdebourgeois et leurs hôtes aimaient flâner sur la promenade du Fürstenwall qui domine l'Elbe.

Fürstenwallpark

Direkt neben dem Denkmal zu Ehren der in den Kriegen von 1866 und 1871 Gefallenen liegen die Verteidigungsanlagen der Bastion Clewe. 2008 wurde ein Teil der alten Festungsanlage ausgegraben und restauriert. Zwischen Dom und dem Palais „Am Fürstenwall" gelegen, findet man sie am Rand des gleichnamigen Parks.

Fürstenwallpark

Close beside the memorial in honour of the soldiers killed during the wars of 1866 and 1871, the fortifications of Bastion Clewe are to be found. A part of the old ramparts was excavated and restored in 2008. They are located at the edge of the park of the same name between cathedral and the palace "Am Fürstenwall".

Le parc du Fürstenwall

À côté du monument érigé en l'honneur des morts des guerres de 1866 et de 1871 se trouvent les défenses du bastion de Clewe. Une partie des installations a été mise à jour lors de fouilles et restaurée. Elles sont situées entre la cathédrale et le palais «Am Fürstenwall», en bordure du parc du même nom.

Das Palais „Am Fürstenwall" zählt zu den architektonisch bedeutsamen Bauten Magdeburgs. Das einstige Dienstgebäude der preußischen Generalkommandantur diente in seiner wechselvollen Geschichte auch als Gästehaus des Kaisers und als „Haus der deutsch-sowjetischen Freundschaft". Heute ist das im italienischen Renaissancestil 1893 erbaute Gebäude Staatskanzlei und Sitz des Ministerpräsidenten von Sachsen-Anhalt.

Palace "Am Fürstenwall" belongs to the architecturally essential buildings of Magdeburg. During its changeful history, the former residence of the Prussian commander-in-chief served also as the Emperor's guesthouse and as "House of the German-Soviet Friendship". Nowadays, the edifice built in Italian Renaissance-style in 1893 is used as state chancellery and residence of the Prime Minister of Saxony-Anhalt.

Le palais «Am Fürstenwall» est, d'un point de vue architectural, l'un des édifices les plus importants de Magdebourg. Cet ancien bâtiment de service du Commandement Général des troupes prussiennes a aussi hébergé l'empereur et abrité la «Maison de l'amitié germano-soviétique». Ce bâtiment construit en 1893 dans le style de la Renaissance italienne abrite aujourd'hui la chancellerie et le siège du ministre-président de Saxe-Anhalt.

Die Hegelstraße

Im Norden begrenzt der Dom die Hegelstraße mit ihren prächtigen alten Bürgerhäusern. Die Stadt Magdeburg hat nach den schrecklichen Bombardements im Januar 1945 ihren Ruf als schönste Barockstadt Europas unter Trümmern begraben müssen. Die Häuser in der Hegelstraße sind nur noch Relikte dieser einstigen Pracht.

Hegelstraße

On the north side, the cathedral represents the limit to Hegelstraße with its splendid old patrician houses. After the terrible bombardments of January 1945, Magdeburg had to bury its reputation as Europe's most beautiful Baroque town under ruins. The houses in Hegelstraße are merely relics of the past splendour.

La rue Hegel

La rue Hegel, avec ses vieilles maisons bourgeoises magnifiques, est bornée au nord par la cathédrale. Les terribles bombardements de janvier 1945 ont fait perdre à Magdebourg son ancienne réputation de plus belle ville baroque d'Europe. Les maisons de la rue Hegel ne sont plus que les vestiges de cette ancienne splendeur.

Das Denkmal für den General Friedrich Wilhelm von Steuben hat seinen Platz direkt vor dem Hegelgymnasium gefunden. Mit der in Bronze gegossenen Schlüsselfigur der amerikanischen Freiheitskriege erinnert die Vaterstadt an ihren ruhmreichen Sohn.

The memorial to General Friedrich Wilhelm von Steuben has found its place right in front of secondary school Hegelgymnasium. The hometown of the key figure of the American War of Independence has commemorated its glorious son with a bronze statue.

Le monument du général Friedrich Wilhelm von Steuben a trouvé sa place devant le lycée Hegel. La statue en bronze de ce personnage-clé de la guerre d'Indépendance américaine rappelle le souvenir de son glorieux fils à la ville.

Der Dom – Magdeburgs Wahrzeichen

Der Dom St. Mauritius und Katharina stellt heute ein wichtiges geistiges Zentrum der sachsen-anhaltischen Kirchen dar. Mit den 104 Meter hohen Zwillingstürmen kann die Grabeskirche Kaiser Ottos des Großen und Kaiserin Edithas aufwarten. Der Dom zu Magdeburg gilt als bedeutendstes gotisches Sakralbauwerk Mitteldeutschlands.

The cathedral – landmark of Magdeburg

Nowadays, the Cathedral St. Mauritius and Katharina represents an important spiritual centre of all churches in Saxony-Anhalt. The burial church of Emperor Otto the Great and Empress Editha shows 104-metre-high twin towers. The cathedral of Magdeburg is considered the most significant Gothic sacred building of Central Germany.

La cathédrale – L'emblème de Magdebourg

La cathédrale Saint-Maurice et Sainte-Catherine est aujourd'hui un grand centre spirituel des églises de Saxe-Anhalt. Avec ses tours jumelles hautes de 104 mètres, l'église où reposent Otton le Grand et l'impératrice Editha est impressionnante. La cathédrale de Magdebourg passe pour être l'édifice religieux de style gothique le plus important d'Allemagne centrale.

Der Dom wurde von 1209 bis 1520 von mehreren berühmten Baumeistern errichtet. Die Tumba des Ottonenkaisers stammt aus dem Todesjahr 973. Der Domplatz, der sich an der Nordseite des Sakralbaus anschließt, ist der älteste nachgewiesene Siedlungsplatz innerhalb der Stadtmauern, auf dem schon im achten Jahrhundert ein fränkisches Kastell die Ostgrenzen des Frankenreichs schützte.

The cathedral was erected from 1209 till 1520 by several renowned master builders. The tomb of the Ottonian emperor dates back to 972, his year of death. The cathedral square, adjacent to the north side of the sacred edifice, is the oldest provable place of settlement inside the city walls, where even in the eighth century a castle protected the eastern borders of the Frankish empire.

La cathédrale a été édifiée de 1209 à 1520 par plusieurs architectes de renom. Le tombeau de l'empereur ottonien date de 973, l'année de sa mort. La place de la Cathédrale est située au nord de l'édifice. Des documents prouvent qu'à cet emplacement se trouvait la plus ancienne zone de peuplement à l'intérieur des murs de la ville. C'est là qu'au 8e siècle déjà un palais fortifié protégeait les frontières orientales du royaume franc.

Neben Otto dem Großen (auf dem rechten Foto) ist in der Rotunde des reich ausgestatteten Doms die Skulptur der Kaiserin Editha zu sehen, die am 26. Januar 946 in Magdeburg starb. Ihr Bleisarg wurde im November 2008 im Dom wiederentdeckt. Im Frühjahr 2009 fand man auch ein noch älteres, darunter liegendes Grab. Jetzt rätseln die Forscher, welches die Gebeine Edithas sind.

Except for Otto the Great (on the right picture), a sculpture of Empress Editha, who died in Magdeburg on January 26, 946, is to be seen in the richly decorated rotunda. Her lead coffin was rediscovered in the cathedral in November 2008. In spring 2009, another older grave was found, lying underneath the first one. Now, the researchers are puzzling about which remains are Editha's.

La rotonde de cette cathédrale richement ornée accueille, à côté d'Otton le Grand (photo de droite), la statue de l'impératrice Editha qui mourut le 26 janvier 946 à Magdebourg. Son cercueil de plomb a été retrouvé dans la cathédrale en novembre 2008. Au printemps 2009 a été découverte, sous l'emplacement de ce cercueil, une sépulture encore plus ancienne. Les chercheurs se demandent maintenant lesquels des ossements découverts sont ceux d'Editha.

Die linke Turmkrone des Doms fehlt. Auch ist dieser Turm schlanker und leichter gebaut worden. Es ist nicht bekannt, warum dies so ist. Um das mächtige Bauwerk, auf das alle wichtigen Straßenachsen aus dem flachen Land hinlaufen, ranken sich noch viele Geheimnisse, die es zu entdecken gilt.

The crown of the cathedral's left spire is missing. This steeple is also of a slimmer and lighter construction. The reason for that is not known. There have existed a lot of secrets still to be found out with regard to the mighty edifice, where all important arterial roads of the country meet.

La flèche de la tour gauche de la cathédrale manque. Pour une raison inconnue, cette tour est également plus mince et de construction plus légère que celle de droite. Nombreuses sont les énigmes encore irrésolues qui entourent ce bâtiment imposant vers lequel convergent tous les axes routiers du plat pays.

Rund um den Domplatz

Der nördliche Teil des Domplatzes erhielt sein heutiges Aussehen durch Fürst Leopold von Anhalt-Dessau am Anfang des 18. Jahrhunderts. Der berühmte Festungsgouverneur Magdeburgs – auch der Alte Dessauer genannt – machte sich um den Stadtaufbau verdient.

Auf dem Domplatz wurde die alte Kaiserpfalz ausgegraben und ihre Umrisse wurden an der Oberfläche sichtbar nachgebildet.

Around cathedral square

The actual appearance of the cathedral square's northern part was designed by Prince Leopold of Anhalt-Dessau in the beginning of the 18th century. The famous fortress governor of Magdeburg – also called "the Old Dessauer" – made his valuable contribution to the city's development. The ancient imperial palace was excavated at the cathedral square, where its outline was simulated and made visible on the surface.

Autour de la place de la Cathédrale

Le prince Léopold d'Anhalt-Dessau a donné son apparence actuelle à la partie nord de la place au début du 18e siècle. Appelé aussi «le Vieux Dessauer», le célèbre gouverneur de la forteresse de Magdebourg a beaucoup fait dans le domaine de l'urbanisme. Place de la Cathédrale, des fouilles ont mis l'ancien palais impérial à jour et les contours de celui-ci ont été reproduits à la surface du sol.

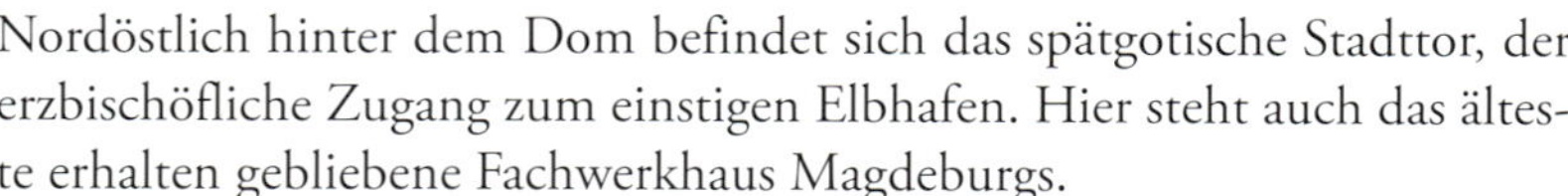

Nordöstlich hinter dem Dom befindet sich das spätgotische Stadttor, der erzbischöfliche Zugang zum einstigen Elbhafen. Hier steht auch das älteste erhalten gebliebene Fachwerkhaus Magdeburgs.

In north-easterly direction behind the cathedral, the late-Gothic city gate is located, the archbishopric entrance to the former Elbe port. Magdeburg's oldest half-timbered house stands at this place.

Derrière la cathédrale se trouve l'ancien accès de l'archevêché au port de l'Elbe de l'époque: une porte de style gothique tardif percée dans les remparts de la ville. C'est là aussi que se dresse la plus ancienne maison à colombages encore existante de Magdebourg.

Von der Domplatzseite erreicht man die sagenumwobenen alten Stadtanlagen über das Tor neben der neuen Möllenvogtei. Hier ist auch das Haus der Romantik zu finden.

The legendary old city walls can be reached via the gate beside the new "Möllenvogtei". Here, the House of Romanticism is to be found as well.

De la place de la Cathédrale, on accède – par la porte voisine de la nouvelle prévôté – à un admirable ensemble architectural. C'est là que se trouve aussi la maison du Romantisme.

Das Barockpalais und seine Nebengebäude an der Nordseite des Domplatzes, in den Jahren 1723 bis 1728 erbaut, dienten ursprünglich als Miet- und Wohnhäuser. Heute haben der Landtag von Sachsen-Anhalt und der Landtagspräsident hier ihren Sitz.

The Baroque Palace and its outbuildings at the northside of cathedral square were built in the years from 1723 until 1728. Initially, they served as rented and residential buildings. Nowadays, they are used as residency of the “Landtag” (parliament) of Saxony-Anhalt and of the President of the Landtag alike.

Au nord de la place de la Cathédrale se dresse le palais baroque et ses dépendances construits entre 1723 et 1728. Ces bâtiments, à l’origine des maisons d’habitation et de rapport, sont maintenant le siège du Landtag de Saxe-Anhalt et de son président.

Die Grüne Zitadelle von Magdeburg

Die „Grüne Zitadelle von Magdeburg“ war das letzte große Werk des Künstlers Friedensreich Hundertwasser. Dem 1928 in Wien geborenen Architekten verdanken die Menschen in der ganzen Welt einen außergewöhnlichen Baustil. Seit 2005 ist mit dem „Hundertwasserhaus“ in Magdeburg das wohl größte deutsche Werk des Künstlers der Öffentlichkeit übergeben worden.

The Green Citadel of Magdeburg

The “Green Citadel of Magdeburg” was the last great work of artist Friedensreich Hundertwasser. People from all over the world benefit from the exceptional construction style of the Vienna-born architect. Since 2005, with the “Hundertwasser House”, the supposedly biggest German work of the artist was presented to the public.

La Citadelle Verte de Magdebourg

La «Citadelle Verte de Magdebourg» est la dernière grande œuvre de l'artiste Friedensreich Hundertwasser. Les hommes du monde entier doivent à cet architecte né à Vienne en 1928 un style hors du commun. Inaugurée en 2005, la «maison Hundertwasser» de Magdebourg est certainement la plus grande œuvre de l'artiste en Allemagne.

Das Hundertwasserhaus steht zwischen dem Breiten Weg und Landtag. Es bereichert das architektonische Bild Magdeburgs.

"Hundertwasser House" is situated between Breiter Weg and the Landtag. It has enriched the architectural appearance of Magdeburg.

Située entre Breiter Weg et Landtag, la maison Hundertwasser est un enrichissement architectural pour Magdebourg.

Viele Baustile treffen aufeinander

Nirgendwo in der Elbmetropole sind auf kleinstem Raum so viele unterschiedliche Architekturstile und Epochen zu finden wie rund um den Domplatz: Neogotik, Barock, Renaissance, Hundertwasser und die moderne Architektur von heute treffen hier aufeinander.

A combination of many architectural styles

Nowhere else in the Elbe metropolis so many different architectural styles and epochs can be found on a small area, but around the cathedral square. Neo-Gothic, Baroque, Renaissance, Hundertwasser and modern architecture have met at this place.

Rencontre de styles différents

Nulle part ailleurs à Magdebourg on ne trouve une plus grande diversité de styles architecturaux qu'autour de la place de la Cathédrale: néogothique, baroque, Renaissance, Hundertwasser et architecture contemporaine se rencontrent ici.

Im Allee-Center, dem größten und modernsten Einkaufstempel der Landeshauptstadt direkt an der Elbe, findet man auf drei Etagen zahlreiche gut besuchte Geschäfte.

"Allee-Center", the biggest and most modern shopping centre of the state capital, is located close to the Elbe river and it houses numerous well-frequented shops on three floors.

L' «Allee-Center» est le plus grand et le plus moderne des centres commerciaux de la capitale du Land. Situé en bordure de l'Elbe, il offre sur trois étages un grand choix de magasins très fréquentés.

Der Alte Markt

Der Alte Markt ist das urbane Zentrum der Landeshauptstadt. Er wird im Westen vom Kaufhaus Karstadt und im Osten vom alten Rathaus begrenzt. Auch die Industrie- und Handelskammer hat hier an historischer Stelle ihren Sitz.

The Old Market

Old Market is the urban centre of the state capital. It is bordered by the department store "Karstadt" on the west side and the old town hall on the east side. The Chamber of Commerce's residency is situated at this historical site, as well.

Le Vieux Marché

Le Vieux Marché est le centre urbain de la capitale du Land. Il est borné à l'ouest par un grand magasin, Kaufhof, et à l'est par le vieil hôtel de ville. C'est là aussi, à cet emplacement historique, que la chambre de commerce et d'industrie a son siège.

Zwischen Marktplatz und Johanniskirche steht das im 13. Jahrhundert errichtete und nach dem Zweiten Weltkrieg wieder aufgebaute dreiflügelige Rathaus der Stadt. Schon Erzbischof Wichmann tafelte im Ratskeller des historischen Gemäuers, und Till Eulenspiegel narrte hier die Magdeburger. Auch der Roland hat hier seinen Platz.

The three-winged town hall, erected in the 13th century and rebuilt after World War II, is located between market square and St. John's Church (Johanniskirche). Archbishop Wichmann dined in the cellar of this historic building, where Till Eulenspiegel fooled Magdeburg's citizens. Furthermore, "Roland" has found his place there.

Entre la place du Marché et l'église Saint-Jean se dresse l'hôtel de ville. Ce bâtiment à trois ailes construit au 13e siècle a été reconstruit après la Seconde Guerre mondiale. L'archevêque Wichmann fréquentait déjà son auberge – le «Ratskeller» – et Till l'Espiègle s'y est moqué des Magdebourgeois. La statue de Roland y a aussi sa place.

Ein Blick auf das Rathaus mit Weihnachtsmarkt. Auf der schweren Tür am Hauptportal ist die Magdeburger Stadtgeschichte figürlich nacherzählt. Dieses Kunstwerk stammt von Heinrich Apels.

A look at the town hall with Christmas market. Magdeburg's history is told by figures on the door of the main entrance. This work of art goes back to Heinrich Apels.

Vue de l'hôtel de ville avec le marché de Noël. La lourde porte du portail principal est ornée de sculptures racontant l'histoire de la ville, une œuvre de Heinrich Apel.

Vor dem Eingang des Rathauses wurde Kaiser Otto dem Großen ein Denkmal gesetzt. Das Reiterstandbild gilt als einmalig in ganz Europa.

In front of the town hall's entrance, a memorial to Emperor Otto the Great was set up. The equestrian statue is considered as unique in the whole of Europe.

Un monument à la mémoire de l'empereur Otton le Grand se dresse devant l'entrée de l'hôtel de ville. La statue équestre passe pour être unique en Europe.

Ihrem Bürgermeister, Baumeister und Forscher Otto von Guericke setzte die Vaterstadt ein Ehrenmal direkt neben dem Rathaus.

Another memorial to mayor, master builder and scientist Otto von Guericke was installed by his hometown right beside the town hall.

Sa ville natale a dressé – à côté de l'hôtel de ville – un monument en l'honneur de l'architecte, chercheur et maire de Magdebourg Otto von Guericke.

Blick auf den Petriförder

Vom östlichen Ufer der Elbe aus erkennt der Betrachter die Magdalenenkapelle (links) und die St. Petrikirche vor dem Wohnhochhaus Jacobstraße. Vorne im Bild ist die historische Schiffsmühle zu sehen.

A look at Petriförder

From the eastern banks of river Elbe, Magdalenenkapelle (chapel St. Magdalena, left) and St. Petrikirche (St. Peter's Church) come in sight in front of the residential multi-storey building Jacobstraße. The historic ship mill can be noticed in the foreground of the photo.

Vue sur le restaurant Petriförder

De la rive orientale de l'Elbe, on reconnaît devant la tour d'habitation de la rue Jacob la chapelle Sainte-Madeleine (à gauche) et l'église Saint-Pierre. Au premier plan, se trouve le célèbre moulin-bateau.

Den „Fährmann“ findet man im Park am Strom, unweit der Strombrücke. Er ist direkt in die Uferbefestigung eingelassen. Seit Otto dem Großen war Magdeburg ein wichtiges Schifffahrts- und Handelszentrum.

The “ferryman” is to be found in the park on the river, near Strombrücke. It was fitted directly into the bank reinforcement. Since Otto the Great, Magdeburg has been an important trade and shipping centre.

On trouve le «Batelier» dans le parc non loin du pont de l’Elbe. Il est directement fixé dans l’ouvrage de protection de la berge. Depuis Otton le Grand, Magdebourg était un important centre de batellerie et de commerce.

Direkt unterhalb der St. Petrikirche liegt die Anlegestelle der Weißen Flotte Magdeburgs. Drei Fahrgastschiffe stehen für Ausflüge auf der Elbe zur Verfügung. Diese fahren unter anderem zum Wasserstraßenkreuz oder zur längsten Trogbrücke Europas. Auch eine Hafenrundfahrt durch den größten Binnenhafen Mitteldeutschlands oder stromauf nach Schönebeck ist von hieraus möglich.

The landing stage of Magdeburg’s “Weiße Flotte” (white fleet) is situated just below St. Peter’s Church. Three passenger boats are available for trips on the river Elbe. They head for the waterway junction or to Europes longest trough bridge, among others. A sightseeing tour through Central Germany’s largest inland port or upstream to Schönebeck is possible from here, too.

L’embarcadère de la «Flotte Blanche», les bateaux de croisières fluviales de Magdebourg, se trouve aux pieds de l’église Saint-Pierre. Trois bateaux y proposent des excursions sur l’Elbe menant par exemple au carrefour des voies navigables ou au plus long pont à tablier inférieur d’Europe. Il est également possible d’effectuer une visite du plus grand port fluvial d’Allemagne centrale ou de remonter le fleuve en direction de Schönebeck.

Die St.-Johannis-Kirche

Vor der St.-Johannis-Kirche steht das Martin-Luther-Denkmal. Martin Luther predigte hier in Magdeburg und verhalf dem Protestantismus zum Durchbruch. Die einstige Pfarrkirche wurde im Zweiten Weltkrieg ebenso wie die gesamte Innenstadt total zerstört. Erst nach der Wende wurde sie mit Spenden der Bürger wieder aufgebaut. Heute ist sie ein wichtiger kulturhistorischer Mittelpunkt der Stadt.

St. John's Church

The Martin Luther monument stands in front of St. John's Church. Martin Luther preached in Magdeburg and helped Protestantism to achieve the breakthrough. Just like the whole town centre, the former parish church was completely destroyed during the Second World War. Only after the so-called change, the church could be reconstructed by public donations. Today, it represents an important cultural historic centre of the city.

L'église Saint-Jean

Devant l'église Saint-Jean se dresse la statue de Martin Luther qui prêcha ici à Magdebourg et contribua ainsi à l'avènement du protestantisme. L'ancienne église paroissiale et tout le centre-ville ont été complètement détruits lors de la Seconde Guerre mondiale. C'est seulement après la chute du Mur que des collectes de fonds ont permis la reconstruction de l'église qui est maintenant un centre de culture et d'histoire important.

Über den Breiten Weg zur Universität

Auf dem Breiten Weg in Richtung Norden stand an der Stelle des Hochhauses, einst „Haus der Lehrer“, einmal die Katharinenkirche und ergänzte das vieltürmige Bild der mittelalterlichen Hansestadt.
Geht man auf der wichtigsten Nord-Süd-Achse nach Norden weiter, kommt man zum Konservatorium, Stadttheater und zur Universität.

On Breiter Weg to the university

In former times, Katharinenkirche (St. Catherine's Church) stood at Breiter Weg in a northerly direction, where the tall building, once the "house of teachers", is located now. The church complemented the silhouette of the medieval Hanseatic town with its numerous towers. If you continue to walk along the most essential north-south-axis in a northerly direction, you will reach the college of music, the municipal theatre, and the university.

Du Breiter Weg à l'université

Là où se dresse maintenant le grand immeuble de l'ancienne «maison des enseignants», se trouvait autrefois l'église Sainte-Catherine dont les tours s'ajoutaient à celles, nombreuses, de cette ville hanséatique médiévale.
Si l'on continue à suivre cet axe nord-sud en direction du nord, on arrive au Conservatoire, au théâtre municipal et à l'université.

Als Centraltheater ging das heutige Theater der Landeshauptstadt 1907 in den regulären Spielbetrieb. Es begrenzt den Universitätsplatz nach Südwesten. Der Besucher blickt von hier direkt auf die Universität.

The theatre of the state capital started in 1907 as Central Theatre with regular performances. It borders the University Square in a south-westerly direction.

L'actuel théâtre de la capitale du Land, l'ancien «Centraltheater», a ouvert ses portes en 1907 et est situé en bordure de la place de l'Université.

Das Stadttheater, die Stadtbibliothek und das Konservatorium Georg Philipp Telemann bilden ein architektonisch interessantes Ensemble am nördlichen Ende der belebten Magdeburger Geschäftsmeile Breiter Weg.

The municipal theatre, the municipal library and the College of Music Georg Philipp Telemann have formed an architecturally interesting ensemble at the northern end of Magdeburg's busy shopping street Breiter Weg.

Le théâtre et la bibliothèque municipale forment avec le conservatoire Georg-Philipp-Telemann un ensemble architectural intéressant situé à l'extrémité Nord de l'artère commerçante et animée du Breiter Weg.

Die Otto-von-Guericke-Universität Magdeburg gehört zu den jüngeren und sehr erfolgreichen Universitäten der Bundesrepublik. Die 1993 gegründete Universität ist über den Breiten Weg direkt und schnell erreichbar. Heute studieren an der aus Technischer Universität, Medizinischer Akademie und Pädagogischer Hochschule Magdeburg hervorgegangenen Bildungseinrichtung mehr als 13 000 Studenten.

University Otto von Guericke Magdeburg is one of the younger and very successful universities of the Federal Republic. Founded in 1993, the university can be reached fast and easily via Breiter Weg. The educational establishment was formed out of Technical University, Medical Academy and Pedagogical University Magdeburg, and more than 13 000 students are registered nowadays.

L'université Otto-von-Guericke de Magdebourg est l'une des plus jeunes et des plus performantes universités de la République Fédérale. L'université, à laquelle on accède facilement par le Breiter Weg, a été fondée en 1993. Cet établissement d'enseignement supérieur comprenant université de technologie, académie de médecine et institut de pédagogie universitaire accueille plus de 13 000 étudiants.

Otto von Guericke (1602–1686) wurde mit seinen Experimenten weltberühmt. Er erlebte die Erstürmung Magdeburgs durch Tilly und leitete als Bürgermeister ab 1631 den Wiederaufbau der total zerstörten Stadt. Zahlreiche seiner Erfindungen, wie die Vakuumpumpe oder das Barometer und auch Versuche mit Elektrizität erregten damals wie heute große Aufmerksamkeit. Sein Magdeburger Halbkugelversuch wird zu vielen Gelegenheiten gezeigt.

Otto von Guericke (1602–1686) became internationally famous for his experiments. He experienced Magdeburg's storming by Tilly and, as a mayor, he directed the reconstruction of the completely destroyed town from 1631. A lot of his inventions, such as the vacuum pump or the barometer, as well as his experiments with electricity, caused considerable attention then and even today. His experiment named Magdeburgian Hemispheres has been demonstrated on many occasions.

Ses expériences ont rendu Otto von Guericke (1602–1686) célèbre dans le monde entier. Il a été témoin de la prise de Magdebourg par Tilly et a, en tant que maire de Magdebourg, dirigé à partir de 1631 la reconstruction de la ville qui avait été complètement détruite. Grand nombre de ses inventions – comme la pompe à vide et le baromètre – tout comme ses expériences sur l'électricité continuent à faire sensation. L'occasion est souvent donnée d'assister à la reconstitution de sa démonstration des hémisphères de Magdebourg.

Im zehn Hektar großen Nordpark, gleich neben der Universität, blühen im Frühjahr die Scillas. Der Park, nach Plänen von Lenné 1827 geschaffen, ist besonders in den Sommermonaten ein beliebter, lauschiger Platz.

In spring, the scillas are blooming in North Park, which is of ten hectares size and located just beside the university. The park was created after plans of Lenné in 1827, and it is a popular, scenic place especially in summer.

Au printemps, les scilles fleurissent dans le parc de 10 hectares situé à côté de l'université. Le parc, conçu en 1827 d'après des plans de Linné, est un endroit particulièrement apprécié pendant les mois d'été.

Dem langjährigen Magdeburger Oberbürgermeister Carl Gustav Friedrich Hasselbach wurde von seiner Vaterstadt ein großes Denkmal errichtet. Der Brunnen stand bis 1927 auf dem Hasselbachplatz. Er musste dann verkehrsbedingt zum Haydnplatz, gegenüber der Universität, umgesetzt werden.

A large memorial to Magdeburg's Lord Mayor for many years, Carl Gustav Friedrich Hasselbach, was established by his hometown. Until 1927, the fountain stood at Hasselbach Square. Due to traffic requirements, it had to be moved to Haydn Square, opposite the university.

La ville natale de Carl Gustav Friedrich Hasselbach a érigé un monument imposant à celui qui a été son maire pendant de nombreuses années. La fontaine a orné la place Hasselbach jusqu'en 1927, avant d'être transférée pour des raisons techniques place Haydn, en face de l'université.

In der Experimentellen Fabrik Magdeburgs forschen und arbeiten Wissenschaftler der Otto-von-Guericke-Universität Magdeburg gemeinsam mit Unternehmen an Produkt- und Verfahrensinnovationen.

Die „Fabrik“ markiert, am Europaring gelegen, die östliche Grenze des Campus und bildet mit dem Fraunhoferinstitut und dem Gebäude der Max-Planck-Gesellschaft nicht nur architektonisch, sondern auch wissenschaftlich ein beeindruckendes Ensemble.

In the so-called Experimentelle Fabrik Magdeburg (experimental factory), scientists of the University Otto von Guericke Magdeburg research and cooperate with various companies to develop innovations of products and proceedings. The “Fabrik”, located at Europaring, represents the eastern border of the campus, and in combination with the buildings of Fraunhofer Institute and Max Planck Society, it has formed an impressive ensemble, architecturally and scientifically alike.

À l’Usine Expérimentale de Magdebourg, les scientifiques de l’université Otto-von-Guericke collaborent avec les entreprises dans le domaine de l’innovation de produits et de procédés.

Située boulevard de l’Europe, à l’est du campus, l’ «Usine» forme avec l’Institut Fraunhofer et le bâtiment de la Société Max-Planck un ensemble impressionnant, tant d’un point de vue architectural que d’un point de vue scientifique.

Wo sich Wasserstraßen kreuzen

Mit 918 Metern Gesamtlänge ist die Trogbrücke die längste je gebaute Kanalbrücke Europas. Der Mittellandkanal geht hier in den Elbe-Havel-Kanal über. Die größte Hubhöhe – auch für große Binnenschiffe – beträgt an den beiden großen Schleusen 18,46 Meter bzw. 19,05 Meter.

The junction of waterways

With its total length of 918 metres, the trough bridge is the longest canal bridge built in Europe ever. Mittellandkanal is flowing into Elbe-Havel-Kanal at this point. The highest lifting levels on the two big sluices – even for large inland ships – are 18.46 respectively 19.05 metres.

Au carrefour des voies navigables

Le pont à tablier inférieur est, avec ses 918 mètres de longueur totale, le plus long pont-canal d'Europe jamais construit. Le «Mittellandkanal» rejoint ici le canal Elbe-Havel. Les deux grandes écluses ont une hauteur de levée maximale de 18,46m et de 19,05m.

Nicht nur aus der Luft ist der größte Binnenhafen Mitteldeutschlands ein Beispiel für Superlative. Die Hinterlanddrehscheibe des Seehafens Hamburg hat an Attraktivität gewonnen. Über das Wasserstraßenkreuz gelangen Güter nun weit nach Westen, Osten und Süden Europas.

Central Germany's largest inland port is an example of superlatives, not only from high above. The hinterland turntable of Hamburg's seaport has gained attractivity. The waterway junction enables to ship goods far to the west, east and south of Europe.

Le plus grand port fluvial d'Allemagne centrale est un port des superlatifs, et cela pas seulement lorsqu'il est vu du ciel! La plaque tournante de l'arrière-pays du port maritime de Hambourg a gagné en attractivité. Ce carrefour de voies navigables permet de transporter des marchandises vers l'ouest, l'est et le sud de l'Europe.

Der Herrenkrugpark

Ein geschwungenes architektonisches Meisterwerk verbindet die Stadtseite der Elbe mit dem ostelbischen Herrenkrugpark seit 1999. Die 500 Meter lange Fußgängerbrücke wird von den Magdeburgern gern genutzt.

Herrenkrugpark

A curved architectonic masterpiece has connected the city side of the river Elbe with the east Elbian “Herrenkrugpark” since 1999. The 500-metre-long pedestrian bridge is quite popular with the Magdeburgians.

Le parc Herrenkrug

Ce chef d’œuvre d’architecture relie la ville avec le parc Herrenkrug depuis 1999. Les Magdebourgeois empruntent volontiers ce pont pour piétons long de 500 mètres.

Ein Nachmittagsspaziergang über die Brücke führt oft auch in das Parkcafé Herrenkrug, direkt an der Brücke gelegen. An das Haus schließt eine der schönsten historischen Parkanlagen Magdeburgs an.

A walk over the bridge in the afternoon will often lead to Parkcafé Herrenkrug, located close to the bridge. One of Magdeburg's most scenic historic park grounds is joined to the building.

L'après-midi, les promeneurs qui passent sur ce pont dirigent souvent leurs pas vers le café tout proche qui jouxte l'un des plus beaux parcs de Magdebourg.

Oft werden von Besuchern Stadtrundfahrten mit einer der historischen Straßenbahnen bestellt, die auch vom Herrenkrugpark über den Elbauenpark ins Stadtzentrum fahren.

Sightseeing tours with one of the historic streetcars are frequently ordered by visitors. The tours run from Herrenkrugpark via Elbauenpark to the town centre.

Il arrive souvent que des touristes louent un des tramways d'époque pour des visites de la ville. Ces tramways vont aussi du parc Herrenkrug au centre-ville en passant par le parc Elbauenpark.

Der Elbauenpark

Der größte Holzleimbinderturm der Welt steht seit der Bundesgartenschau 1999 im Magdeburger Elbauenpark. Genau 1650 Tonnen Holz, 146 Tonnen Stahl und 12 000 Quadratmeter Verschalung wurden zu einem 60 Meter hohen Turm gefügt, dessen größte Spannweite mit Umgang 81 Meter beträgt. Allein die Rampe, auf der man hinauflaufen kann, ist 600 Meter lang. Biblische Maße für ein Bauwerk aus Holz.

Elbauenpark

Since the Federal Garden Show in 1999, the world's biggest tower made of glued laminated timber is to be found in Magdeburg's Elbauenpark. Exactly 1650 tons of wood, 146 tons of steel, and about 12 sqm of panelling were used to build the 60-metre-high tower, whose largest span width including the circulating stairs is 81 metres. The ramp itself, on which you can walk upstairs, has a length of 600 metres. Biblical dimensions of a construction made of wood.

Le parc Elbauenpark

Depuis les Floralies fédérales de 1999, ce parc de Magdebourg accueille la plus grande tour en bois au monde de ce genre. Il a fallu 1650 tonnes de bois, 146 tonnes d'acier et 12 000 m2 de coffrage pour réaliser cette tour de 60 mètres de haut dont l'envergure maximale est de 81 mètres. La rampe, que l'on peut emprunter pour monter au sommet, est longue de 600 mètres. Des dimensions bibliques pour une construction en bois!

Das Foucault'sche Pendel unter der Eingangskuppel des Jahrtausendturms führt dem Besucher die Drehung der Erdachse vor Augen. Auf sieben Etagen des Turms wird ein Ausflug in 6000 Jahre Menschheitsgeschichte zum Erlebnis.

Foucault's Pendulum, hanging from the entrance dome of the Millennium Tower, demonstrates the spin of the earth's axis to all visitors. The seven floors of the tower will turn an excursion to 6000 years of the history of mankind into a real experience.

Le pendule de Foucault installé sous la coupole d'entrée de la tour du Millénaire montre au visiteur les effets de la rotation de la terre. Les sept étages de la tour donnent l'occasion d'un voyage à travers 6000 ans de l'histoire de l'humanité.

Das Parkgelände nahe der Seebühne Magdeburgs bietet für Szenen aus der Geschichte der Stadt eine hervorragende Kulisse.

The park landscape near Magdeburg's Seebühne (lake theatre) offers an excellent environment for scenes of the city's history.

Des coulisses idéales pour des reconstitutions historiques: le parc proche de la scène flottante de Magdeburg.

Hier wird die Erstürmung Magdeburgs im Dreißigjährigen Krieg dargestellt.

This photo shows the conquest of Magdeburg during the Thirty Years' War.

Reconstitution de la prise de Magdebourg lors de la guerre de Trente Ans.

In der Nähe des Elbauenparks ist die modernste und größte Sporthalle Magdeburgs zu finden. Hier besiegten die Magdeburger Handballer schon einmal Meister Gummersbach. Gleich neben der Bördelandhalle an der Berliner Chaussee befinden sich auch das Stadion des 1. FCM und weitere Sportanlagen.

The largest and most modern sports hall of Magdeburg is located near Elbauenpark. At this place, Magdeburg's handball players even defeated the German champion team of Gummersbach once. Right beside "Bördelandhalle" at Berliner Chaussee, the stadium of 1. FCM and additional sports facilities are to be found.

Près du parc Elbauenpark se trouve le plus moderne et le plus grand palais des sports de Magdebourg. C'est là que les handballeurs de Magdebourg ont déjà battu l'équipe championne de Gummersbach. À côté de la Bördelandhalle de la Berliner Chaussee se trouvent aussi le stade du I. FCM et d'autres installations sportives.

Am Maritim-Hotel, unweit des Alten Markts endet die Bilderreise durch Magdeburg. Allerdings nicht, ohne dem Leser zu versichern, dass es selbst auf diesem kleinen Rundkurs noch tausende liebenswerte, nicht gezeigte Schönheiten zu entdecken gilt. Die Stadt am großen Strom ist immer eine Reise wert!

Our photographic travel through Magdeburg ends at Maritim-Hotel Magdeburg, not far from the Old Market. But not, without assuring the reader, that even on that little circuit thousands of lovely hidden beauties have to be discovered still. The city on the large river is always worth a visit!

C'est à l'hôtel Maritim de Magdebourg, près du Vieux Marché, que se termine notre visite de la ville en images. Sans oublier cependant de garantir au lecteur qu'il y a encore, même sur ce petit parcours, des milliers d'autres belles choses à découvrir. La ville des bords de l'Elbe vaut toujours la peine d'être visitée!

Wegmarken einer 1200-jährigen Kaiserstadt

805 Kaiser Karl der Große erwähnt im Diedendorfer Kapitular erstmals „magodoburg".

936 Otto der I. wird in Aachen zum deutschen König gekrönt.

962 Kaiserkrönung durch Papst Johannes XII.

968 Magdeburg wird Bischofssitz, Erzbischof Adalbert wird feierlich in sein Amt eingeführt.

973 Otto stirbt in Memleben, seine Gebeine werden nach Magdeburg überführt. Er wird neben seiner ersten Frau Editha beigesetzt.

1207 Der erste ottonische Dom fällt genau am Karfreitag einer Brandkatastrophe zum Opfer.

1209 Der Bau des neuen Doms beginnt. Er soll den bei einem Großbrand 1207 vernichteten ottonischen Dom ersetzen.

Um 1300 Magdeburg wird Hansestadt.

1520 Der Dom ist endgültig fertig gestellt.

1524 Martin Luther predigt in der Johanniskirche seine neue Lehre.

1547 Kaiser Karl V. verhängt die Reichsacht über Magdeburg, das von den Protestanten als „Des Herrgotts Kanzlei" gefeiert wird.

1631 Nach langen Jahren des Dreißigjährigen Krieges erstürmen kaiserliche Truppen unter Tilly die Stadt und richten ein furchtbares Massaker unter der Bevölkerung an.

1654 Otto von Guericke unternimmt öffentlich seinen ersten Halbkugelversuch.

1705 Die Elbe wird in ihr heutiges Bett umgeleitet.

1788 Eine Stadtbeleuchtung wird eingeführt.

1807 Kapitulation der Festung Magdeburg und Besetzung durch französische Truppen, Magdeburg fällt an das neue Königreich Westfalen.

1815 Magdeburg wird Hauptstadt der preußischen Provinz Sachsen.

1819 Die erste städtische Wasserleitung wird in Betrieb genommen.

1839 Nach dem ersten Dampfschiff 1837 wird nun auch die Eisenbahnfahrt von Magdeburg nach Schönebeck möglich.

1855 Gründung der Grusonwerke und Beginn der Entwicklung zum wichtigen deutschen Maschinenbaustandort.

1883 Inbetriebnahme des Handelshafens.

1908 Flugpionier Hans Grade startet seinen ersten deutschen Motorflug auf dem Cracauer Anger.

1938 Das Schiffshebewerk Rothensee geht in Dauerbetrieb.

1945 Die Stadt wird durch anglo-amerikanische Bomber total zerstört.

1952 Das Land Sachsen-Anhalt wird aufgelöst. Es entsteht der Bezirk Magdeburg.

1965 Louis Armstrong gibt in Magdeburg ein viel beachtetes Konzert. Der 1. FCM wird gegründet.

1969 Das Rathaus ist wieder aufgebaut.

1989 Der Dom wird Zentrum für die friedliche Revolution in Magdeburg.

1990 Magdeburg wird nach 175 Jahren wieder Landeshauptstadt.

1991 Die 3. Stoßarmee verlässt als letzte sowjetische Einheit Magdeburg.

1999 Die Bundesgartenschau findet in Magdeburg statt.

2009 Mit Festveranstaltungen wird der 800. Jahrestag der Grundsteinlegung für den neuen Dom gefeiert.

Milestones of a 1200-year-old Imperial Town

805 Emperor Charlemagne mentions "magodoburg" for the first time in the so-called Diedendorfer Kapitular.

936 Otto I is crowned King of Germany in Aachen.

962 Otto is crowned Emperor by Pope John XII.

968 Magdeburg becomes archbishopric residency; inauguration of Archbishop Adalbert.

973 Otto dies in Memleben, his remains are brought to Magdeburg. He is buried beside his first wife Editha.

1207 The first Ottonian cathedral fells prey to a disastrous fire on Good Friday.

1209 The construction of a new cathedral is started. It is to replace the Ottonian cathedral that was destroyed by fire in 1207.

Around 1300 Magdeburg becomes a member of the Hanseatic League.

1520 Completion of the cathedral.

1524 Martin Luther preaches his new ideas in St. John's Church.

1547 Emperor Karl V imposes a ban named "Reichsacht" on Magdeburg, which is celebrated by the Protestants as "the Lord's chancellery".

1631 After long years of the Thirty Years' War, imperial troops under Tilly's command storm the town and make a devastating massacre of the population.

1654 Otto von Guericke makes his first public experiment with hemispheres.

1705 River Elbe is diverted to its actual bed.

1788 Streetlamps are introduced.

1807 Capitulation of fortress Magdeburg and occupation by French troops. Magdeburg becomes part of the new Kingdom of Westphalia.

1815 Magdeburg becomes capital of the Prussian province of Saxony.
1819 The first municipal water supply is put into operation.
1839 After the first steamboat in 1837, railway traffic from Magdeburg to Schönebeck is available as well.
1855 Foundation of company Grusonwerke and beginning of the development to become an important German site of mechanical engineering.
1883 Trading port is put into operation.
1908 Aviation pioneer Hans Grade starts his first German flight with a motor-driven flying vehicle on Cracauer Anger.
1938 Shiplifting works Rothensee start continuous operation.
1945 Total destruction of the city by Anglo-American bombers.
1952 Dissolution of the state of Saxony-Anhalt. Foundation of the district of Magdeburg.
1965 Louis Armstrong gives a very remarkable concert in Magdeburg. Foundation of 1. FCM.
1969 Reconstruction of the town hall is finished.
1989 The cathedral becomes the centre of the peaceful revolution in Magdeburg.
1990 Magdeburg is appointed state capital after 175 years again.
1991 The "3rd Thrusting Army", the last unit of the Soviet army leaves Magdeburg.
1999 The Federal Garden Show takes place in Magdeburg.
2009 The 800th anniversary of the new cathedral's foundation is celebrated with festivities.

Étapes importantes dans l'histoire d'une ville impériale vieille de 1200 ans.

805 C'est l'empereur Charlemagne qui, dans le capitulaire de Diedendorf, mentionne «magodoburg» pour la première fois.
936 Otton 1er est couronné roi à Aix-la-Chapelle.
962 Couronnement de l'empereur par le pape Jean XII.
968 Magdebourg devient siège épiscopal. Adalbert est solennellement consacré archevêque.
973 Otton meurt à Memleben. Sa dépouille est ramenée à Magdebourg. Il est inhumé à côté de sa première épouse, Editha.
1207 La première cathédrale ottonienne est détruite par un incendie le jour du Vendredi Saint.
1209 Début de la construction de la nouvelle cathédrale en remplacement de la cathédrale ottonienne détruite par un incendie en 1207.
Vers 1300 Magdebourg fait son entrée dans la Hanse.
1520 La cathédrale est enfin terminée.
1524 Martin Luther prêche sa nouvelle doctrine dans l'église Saint-Jean.
1547 Magdebourg, que les protestants appellent la «Chancellerie du Seigneur», est mise au ban de l'empire par Charles-Quint.
1631 La guerre de Trente Ans dure déjà depuis des années lorsque les troupes impériales menées pas Tilly prennent la ville et perpètrent un effroyable massacre parmi la population.
1654 Otto von Guericke entreprend en public sa première expérience des hémisphères de Magdebourg.
1705 L'Elbe est détournée dans son lit actuel.
1788 Installation d'un éclairage municipal.
1807 Capitulation de la forteresse de Magdebourg et occupation par les troupes françaises. Annexion de Magdebourg au royaume de Westphalie.
1815 Magdebourg devient la capitale de la province prussienne de Saxe.
1819 Mise en exploitation de la première canalisation d'eau municipale.
1839 Après le premier bateau à vapeur (1837), premier train à vapeur reliant Magdebourg à Schönebeck.
1855 Création des usines Gruson. Magdebourg commence à devenir un important centre allemand de construction mécanique.
1883 Mise en exploitation du port de commerce.
1908 Premier vol du pionnier de l'aviation Hans Grade à partir du pré «Cracauer Anger».
1938 Mise en fonctionnement continu de l'élévateur de bateaux de Rothensee.
1945 Des bombardements anglo-américains détruisent complètement la ville.
1952 Dissolution du land de Saxe-Anhalt et mise en place du district de Magdebourg.
1965 Concert très remarqué de Louis Armstrong et création du club de football «I. FCM».
1969 Reconstruction de l'hôtel de ville.
1989 La cathédrale devient le centre de la «révolution pacifique» à Magdebourg.
1990 Magdebourg redevient capitale de land après 175 ans.
1991 La dernière unité soviétique de l'Armée rouge quitte Magdebourg.
1999 Les Floralies fédérales ont lieu à Magdebourg.
2009 Des festivités célèbrent le 800ème anniversaire de la pose de la première pierre de la nouvelle cathédrale.

Weitere Bücher aus dem Wartberg Verlag für Ihre Region

Das war unser roter Dior!
Magdeburger Erfindergeist
N. Gröschner/D. Niemann/
H. Rasenberger
64 S., geb., zahlr. S/W-Fotos
978-3-8313-1629-8

Geschichten und Anekdoten aus dem alten Magdeburg Bd. 2
N. Gröschner/D. Niemann/
H. Rasenberger
80 S., geb.,
zahlr. S/W-Fotos
978-3-8313-1810-0

Magdeburg
Auf den ersten Blick
N. Gröschner/Th. Ziegler
32 S., geb., zahlr. Farbfotos,
dt./engl./franz.
978-3-86134-855-9

Magdeburg
Das war das 20. Jahrhundert
Hans-Joachim Krenzke
106 S., geb., zahlr. S/W-Fotos
978-3-86134-523-7

Erinnerungen an Magdeburg
wie es einmal war
Nadja Gröschner
64 S., geb., zahlr. S/W-Fotos
978-3-8313-1118-7

Magdeburg-Ostelbien
wie es früher war
N. Gröschner/F. Kornfeld
72 S., geb., zahlr. S/W-Fotos
978-3-8313-1395-2

Magdeburg-Stadtfeld
wie es früher war
N. Gröschner/F. Kornfeld
72 S., geb., zahlr. S/W-Fotos
978-3-8313-1052-4

Wartberg Verlag GmbH & Co. KG
Bücher für Deutschlands Städte und Regionen
Im Wiesental 1 · 34281 Gudensberg-Gleichen
Telefon (0 56 03) 93 05-0 · Fax (0 56 03) 93 05-28 · www.wartberg-verlag.de